LIDERAZGO

Lograr el crecimiento y el desarrollo empresarial a través de una comunicación poderosa

(Hazte famoso, inspira, lidera, influye, persuade y comunícate cómo líder)

Ben Pae

Publicado Por Daniel Heath

© **Ben Paez**

Todos los derechos reservados

Liderazgo: Lograr el crecimiento y el desarrollo empresarial a través de una comunicación poderosa (Hazte famoso, inspira, lidera, influye, persuade y comunícate cómo líder)

ISBN 978-1-989853-60-3

Este documento está orientado a proporcionar información exacta y confiable con respecto al tema y asunto que trata. La publicación se vende con la idea de que el editor no esté obligado a prestar contabilidad, permitida oficialmente, u otros servicios cualificados. Si se necesita asesoramiento, legal o profesional, debería solicitar a una persona con experiencia en la profesión.

Desde una Declaración de Principios aceptada y aprobada tanto por un comité de la American Bar Association (el Colegio de Abogados de Estados Unidos) como por un comité de editores y asociaciones.

No se permite la reproducción, duplicado o transmisión de cualquier parte de este documento en cualquier medio electrónico o formato impreso. Se prohíbe de forma estricta la grabación de esta publicación así como tampoco se permite cualquier almacenamiento de este documento sin permiso escrito del editor. Todos los derechos reservados.

Se establece que la información que contiene este documento es veraz y coherente, ya que cualquier responsabilidad, en términos de falta de atención o de otro tipo, por el uso o abuso de cualquier política, proceso o dirección contenida en este documento será responsabilidad exclusiva y absoluta del lector receptor. Bajo ninguna circunstancia se hará responsable o culpable de forma legal al editor por cualquier reparación, daños o pérdida monetaria debido a la información aquí contenida, ya sea de forma directa o indirectamente.

Los respectivos autores son propietarios de todos los derechos de autor que no están en posesión del editor.

La información aquí contenida se ofrece únicamente con fines informativos y, como tal, es universal. La presentación de la información se realiza sin contrato ni ningún tipo de garantía.

Las marcas registradas utilizadas son sin ningún tipo de consentimiento y la publicación de la marca registrada es sin el permiso o respaldo del propietario de esta. Todas las marcas registradas y demás marcas incluidas en este libro son solo para fines de aclaración y son propiedad de los mismos propietarios, no están afiliadas a este documento.

TABLA DE CONTENIDO

Parte 1 1

Introducción 2

Capítulo 1: ¿Por Qué Necesitamos Liderazgo? 4

Todos Necesitamos A Alguien A Quien Admirar. 8
Todos Necesitamos Que Nuestro Propósito Sea Más Claro Para Nosotros. 10
Todos Deseamos Lograr Algo. 11

Capítulo 2: Habilidades Requeridas Para Ser Un Buen Líder. 12

Honestidad E Integridad 13
Pensamiento Orientado A Objetivos. 14
Habilidades De Comunicación 16
Inspirar A Otros 18
Motivar A Los Demás 18
Reconocer Y Abordar Los Problemas. 21
Esfuerzos Colaborativos 22

Capítulo 3: Habilidades Que Un Buen Líder Imparte A Otros. 23

Confianza 24
Compromiso 25
Creatividad 26
Actitud Positiva 27

Capítulo 4: Cómo Evaluar Tus Habilidades De Liderazgo 28

Capítulo 5: Estilos Que Puedes Adoptar Como Líder. 31

Conclusión 37

Parte 2 39

Introducción 40

Capítulo 1: Lo Básico Del Liderazgo 42

Capítulo 2: Atravesar Los Desafíos Del Liderazgo 48

Capítulo 3: Mejorando Tus Habilidades De Liderazgo 52

Capítulo 4: Consejos Para Ser Un Mejor Líder 58

Capítulo 5: Errores De Liderazgo A Evitar 64

Conclusión 70

Parte 1

Introducción

Todos nosotros tenemos que trabajar en equipo en algún momento de nuestras vidas y es cuando nos involucramos en los esfuerzos del equipo el momento en el liderazgo entra en juego. Un buen líder debe ser capaz de unir al equipo, ser capaz de dirigir a las personas de manera eficaz y guiarlos con éxito hacia el objetivo común que pretenden alcanzar.

La magia de un líder radica en las técnicas y habilidades utilizadas para poder influir en las personas. Aquí es donde entra en juego este libro. A través de los diversos capítulos de este libro, se te recuerda lo que realmente significa ser un gran líder y por qué cada organismo organizativo necesita un buen líder. Luego continúa para resaltar las habilidades y cualidades que se requieren para que una persona sea verdaderamente considerada como un gran líder.

De manera similar, te das cuenta de que

parte de ser un gran líder es no solo poseer un determinado conjunto de habilidades, sino también poder impartir ciertas habilidades en los seguidores, que permiten que el líder, los seguidores y la organización funcionen de una manera más cohesiva,para asegurar el éxito continuo. No solo esto, el libro intenta explicar los diferentes estilos que un líder puede adoptar para tener éxito, lo que te permite experimentar con diferentes técnicas amigables con la gente,¡para que puedas lograr los objetivos que deseas!

Esperamos que este libro sirva como una guía útil.

¡Gracias por comprar este libro!

Capítulo 1: ¿Por qué necesitamos liderazgo?

La pregunta puede parecer muy tonta, pero es importante que comencemos aquí. Esto es para garantizar que obtengamos una comprensión profunda de lo que realmente es el liderazgo. La definición de líder parece muy simplista: es una persona que dirige un grupo de personas o una organización. Sin embargo, es solo en teoría que la definición es simple. Hay tantas capas para ser un líder, que el esfuerzo detrás del proceso a menudo pasa desapercibido.

La mayoría de las personas posee la capacidad de guiarse e ir en una dirección particular, lo que a menudo plantea la cuestión con posibilidad de debate: por qué necesitamos líderes. Puede haber alguna evidencia que indique que el liderazgo gerencial no es necesario, pero las compañías exitosas emplean las jerarquías de liderazgo de todos modos, y son estas vías de líderes las que realmente les permiten tener éxito. Más allá de cierto punto, simplemente se vuelve imposible que las sociedades u organizaciones funcionen sin liderazgo.

Sin embargo, el liderazgo no se refiere simplemente a adjuntar la etiqueta de "líder", "señor" o "jefe" a alguien, va más allá de eso. Ser un líder significa que eres la persona a la que se le llama para poder ofrecer a las personas el apoyo que necesitan en algún momento y poder impulsarlas hacia adelante y al mismo tiempo apoyarlas. Por lo tanto, los líderes actúan como generadores de cambio y causarán que una organización o un equipo trabajen en una dirección, en la que ni siquiera hubieran pensado. Este tipo de líderes son cruciales para el funcionamiento de cualquier sociedad, porque si dichos líderes no estuvieran presentes en el escenario cotidiano, nuestra sociedad no podría desarrollarse ni progresar de la manera que desea.

En el contexto actual, la necesidad de un

líder se siente aún más aguda. Esto se debe a que la generación más antigua de líderes está llegando lentamente a ese momento en el que están retrocediendo y entregando los reinados a otras personas. Sin embargo, es necesario asegurarse de que la persona que está asumiendo el control sea igual o incluso más competente. Y ahí radica el reto de la situación. Mucha gente asume que puedes encontrar o hacer líderes, pero ese no es el caso. Para obtener un líder que sea tan efectivo como su contraparte anterior, si no es que más, las organizaciones necesitan capacitar a las personas para que se pongan a la altura. Esta capacitación es una parte crucial del proceso y no se puede omitir.

Sin embargo, la pregunta crucial de por qué necesitamos un líder aún no se responde. Esto no puede responderse de una manera muy simplista, ya que hay muchas razones para esto. A continuación se presenta un resumen de las razones más importantes por las que necesitamos líderes para ser más efectivos o productivos.

Todos necesitamos a alguien a quien admirar.

Este aspecto se inclina hacia las razones ligeramente evolutivas para necesitar liderazgo. El objetivo final para todos los seres humanos es sobrevivir, incluso si tomamos diferentes caminos y usamos diferentes medios para lograr este objetivo. Durante este proceso, descubrimos que no solo necesitamos a alguien para mantenernos seguros, sino también a alguien cuyas acciones podemos observar y aprender de ellos para implementarlos de manera exitosa. La misma lógica puede aplicarse al liderazgo. Aunque en tus días de juventud podrías haber admirado a tus padres o maestros, esto no será suficiente una vez que seas adulto.

Buscarás otro lugar para encontrar la misma sensación de seguridad y aquí es donde entra un líder, lo que te permite sentirte seguro y unido a alguien, al mismo tiempo que te aseguras que se pueden eliminar las posibles amenazas o fuentes de inseguridad.

Todos necesitamos que nuestro propósito sea más claro para nosotros.

Durante mucho tiempo se ha dicho y se ha aceptado ampliamente que los seres humanos tienen un propósito que pretenden alcanzar. Es en la identificación de este propósito en la que se encuentra el verdadero desafío. Podemos seguir haciéndonos muchas preguntas existenciales, pero eso no significa que encontremos la respuesta a ellas como y cuando lo deseemos. Ve la pregunta de propósito en una escala más pequeña y encontrarás que también se aplica a las actividades diarias.

Aquí es donde los líderes nos ayudan a comprender cuál es realmente nuestro propósito, es posible que ni siquiera podamos identificarnos sin la ayuda de un líder eficaz. Los líderes nos ayudan a pensar de una manera más estructurada y afinada, para ayudarnos a comprender lo que se espera de nosotros y lo que nos esforzamos por lograr.

Todos deseamos lograr algo.

Una vez que nos sentimos más seguros acerca de quiénes somos y hacia dónde nos dirigimos, el logro entra en acción; finalmente, sentimos una sensación de paz que nos permite perseguir algún tipo de logro, ya que la motivación para el logro es esencial para nuestro día a día. Los líderes te ayudarán a alinear tus metas y a desarrollarte de una manera que te permita alcanzar estas metas. Esto de dejará sentir una sensación de satisfacción y logro que todo ser humano desea experimentar en su vida.

Capítulo 2: Habilidades requeridas para ser un buen líder.

Ser un gran líder es tanto una ciencia como un arte. Por mucho que nos gustaría asumir que los líderes nacen de esa manera, debe darse cuenta de que hay un cierto elemento de esfuerzo involucrado. Hay ciertas habilidades necesarias que se requieren en una persona antes de que puedan llamarse un buen líder. Esto les permite dar un paso adelante y brillar del resto de los demás. Ve la lista de habilidades que necesitas para ser un gran líder: ¡cuanto más te identifiques en esta lista, mejor!

Honestidad e integridad

Esta es una de las cualidades a menudo desapercibidas pero esenciales para ser un líder. Cuando eres honesto y muestras altos niveles de integridad, estás demostrando a la organización que eres un profesional y tomarás el camino moral. Mostrar estas cualidades significa que harás lo correcto, independientemente de si es fácil, o si serás reconocido o apreciado por ello.

Este simple acto se asegurará de que te ganes la confianza y el respeto de quienes te rodean, lo que aumentará de inmediato tu posición como líder, ya que los líderes necesitan personas que crean en ellos. Aparte, también estásponiendo el ejemplo para los demás sobre cómo pueden comportarse, y cuando tú haces lo mismo, te intentarán seguir y definitivamente aprenderán de ti.

Pensamiento orientado a objetivos.

Ser un gran líder requiere que seas un pensador inteligente, si bien esto puede parecer obvio, significa que no simplemente dejes de ser una persona muy inteligente. Si bien la inteligencia te permitirá pensar críticamente, lo cual es un rasgo necesario en un líder, hay algo más que no puedes olvidar: el líder debe estar enfocado hacia la meta. Esto se puede lograr cuando la mayoría de los pensamientos están orientados hacia el objetivo y no solo hacia el azar. Por lo tanto, pensar, en este caso, se refiere al pensamiento estratégico con un objetivo claro en mente.

Por lo tanto, puedes notar que en tu camino hacia ser un gran líder, la responsabilidad de asumir riesgos estará sobre ti. Puede parecer un poco atemorizante al principio, pero debes retroceder para ver cómo la dirección actual de las acciones coincide con la imagen más amplia que pretendes lograr.

Una vez que lo hagas, notarás que la mayoría de las otras cosas comienzan a caer en su lugar. Debes tener en mente ese objetivo mayor al planificar el curso de acción futuro. Esto te permitirá a ti y a quienes están bajo tu mando, perseguir el objetivo de una manera más ingeniosa y planificada, en lugar de verlo inalcanzable. La participación de los seguidores es la clave para poder lograr ese pensamiento orientado a objetivos.

Habilidades de comunicación

Si bien esta parece ser la habilidad más fácil de poseer, la comunicación efectiva es a menudo donde la mayoría de los líderes potenciales salen perdiendo: es un déficit que se observa en varias organizaciones en todo el mundo e impide que muchas personas y empresas logren objetivos diferentes. Parece que en algún lugar a lo largo del proceso, la gente comenzó a dar por sentado las habilidades de comunicación e inició el camino cuesta abajo. Sin embargo, no puedes hacer eso; de hecho, debes asegurarte de que tus habilidades de comunicación estén por encima de su nivel, ya que la efectividad del funcionamiento del equipo también podría depender de la efectividad de tu comunicación.

La regla simple es la siguiente: las personas que están bajo tu mando necesitan que se les diga y explique claramente, cuál es su función y cómo pueden cumplirla de la mejor manera posible. Cuando tus expectativas sobre ellos se ponen en claro, les permite comprender realmente lo que deben hacer para satisfacer estas demandas. Sin embargo, no puedes ser impetuoso o cortante en esto. Como comunicador eficaz, también debes poder abordar otros aspectos esenciales: debes ser cortés, proporcionar información clara y completa y ser lo más conciso posible durante el proceso.

La comunicación interpersonal contribuye en gran medida a ayudar a una organización y, por lo tanto, como líder, también puedes adoptar ciertas formas de comunicación interpersonal en tu organización, si no es que todas. Esto depende del tipo de situación con la que estéstratando, y te permitirá elegir entre comunicación individual o comunicación grupal.

Sin embargo, recuerda:¡parte de ser excelente con las habilidades de comunicación también significa que debes ser un gran escucha!

Inspirar a otros

Necesitas poder inspirar a otros, no solo a través de tus acciones, sino también de tus palabras. Necesitas poder cumplir lo que dices. Una vez que lo hagas y tengas muy en claro el panorama general en tu mente, descubrirás que muchas personas se inspiran en tu comportamiento impulsado por objetivos, aunque respetable, y aspirarán a lograr lo mismo. A veces, a las personas les puede resultar difícil poder imitar este tipo de comportamiento; aquí es donde debes poder intervenir y ayudar. Tu asistencia no solo puede ser un impulso muy necesario para esa persona, sino también para otras personas que podrían utilizar esta instancia como otra fuente de inspiración.

Motivar a los demás

Esto puede sonar similar a la parte sobre inspirar a las personas, pero en realidad no es lo mismo. Muchas personas en las organizaciones pueden descubrir que carecen de la motivación para funcionar al máximo, y aquí es donde, como buen líder, debes intervenir. Los actos simples, como escuchar y ofrecer ayuda, pueden ayudar mucho a motivar a las personas. Las personas tienen algo que las motiva: solo tienes que escuchar atentamente para descubrir qué es, a fin de ayudarlas a lograr lo mismo. Una vez que reconozcas qué motiva a los que están bajo tu mando, podrás utilizar esos factores como incentivos para que tu equipo se desempeñe.

Cuanto más motivado esté tu equipo, más eficazmente podrá trabajar y, por lo tanto, más rápidamente podrá alcanzar el objetivo establecido.

Ten en cuenta que la motivación no va de la mano del miedo: debes asegurarte de que tu equipo no esté haciendo algo simplemente porque tiene "miedo" de las consecuencias. La verdadera motivación va más allá del miedo y los beneficios monetarios: es de naturaleza intrínseca y durará mucho más que las fuentes externas de motivación.

Reconocer y abordar los problemas.

Este es uno de los aspectos importantes de ser un líder. Una vez que asumas un rol de liderazgo, no puedes rehuir a admitir que existe un problema cuando lo hay y debes estar dispuesto a tomar los pasos necesarios y rápidos para resolverlos. No evites las dificultades que puedan surgir: las deficiencias son parte inevitable de cualquier organización. En lugar de ello, asegúrate de reconocer estos problemas lo antes posible, ya que es más efectivo eliminar el problema de inmediato en lugar de dejarlo crecer. Esto generará mucha confianza entre los seguidores, ya que se darán cuenta de que no estás dispuesto a dejar que algunos contratiempos te detengan y están dispuestos a enfrentar los desafíos.

Esfuerzos colaborativos

Necesitas poder trabajar bien en un equipo primero, si quieres ser un líder. Solo entonces podrás realmente comprender los problemas y objetivos comunes. Hacer un esfuerzo de colaboración permitirá que los que están bajo tu mando se sientan más involucrados, y este sentido de participación es crucial para garantizar que las organizaciones funcionen de manera cohesiva. Reconoce las barreras que puedan existir (como la disonancia y la incomodidad) y abórdalas.

Capítulo 3: Habilidades que un buen líder imparte a otros.

Los estudios indican, y el conocimiento común está de acuerdo, que la mejor habilidad que un gran líder puede impartir es enseñar a otros las habilidades de liderazgo esenciales. Sin embargo, estas habilidades no se limitan a las que se enumeran en el capítulo anterior; un gran líder ayuda a otros que están bajo su liderazgo, a convertirse también en líderes. Este capítulo describe aquellas habilidades que se pueden aprender de un líder efectivo.

El liderazgo a menudo se puede aprender a través de la mentoría y capacitación, aunque otros programas formales también ayudan en el proceso. La capacitación en el trabajo es otra forma en que las personas adquieren las habilidades necesarias para el liderazgo; sin embargo, algunas personas necesitan algo más que eso para demostrar ser un líder eficaz.

Confianza

Para ser un líder eficaz, necesitas tener confianza, y esto es lo que el liderazgo capaz de alguien más, puede enseñarte. Cuando veas que un líder con confianza hace que el equipo trabaje en conjunto y que los guíe hacia las decisiones, notarás que el líder requiere confianza no solo en sí mismo, sino también en el grupo de personas que trabajan con él. Es esta calidad de confianza la que le permitirá al líder tomar los riesgos necesarios para lograr el éxito. Para ser realmente un buen líder, debes asegurarte de que no solo tienes confianza en ti mismo, sino también en los demás. Otro aspecto en el que necesitas mantener ese nivel de confianza es en los objetivos de la organización, es decir, debes creer en el objetivo que intentas alcanzar. Es esta creencia la que se transmite a quienes trabajan bajo tu mando y será crucial para el funcionamiento de la organización.

Compromiso

Aun otro aspecto que se convierte en parte integral del funcionamiento de cualquier organización es la cantidad de compromiso demostrado por todos los empleados. Aquí, es el líder el que tiene que dar un ejemplo para demostrar a los que están debajo de él, lo que realmente significa estar comprometido con una organización en particular, para cumplir sus objetivos. Cuando la gente ve a otra persona tan dedicada a la causa, y tan motivada para lograr un objetivo, se dará cuenta de que también quiere poder hacer lo mismo, y por lo tanto, definitivamente aprenderá un sentido de compromiso como ninguna otra cosa. Por lo tanto, para asegurarse de que los individuos bajo el control de un líder estén comprometidos, el líder debe mostrar ese nivel de compromiso. Si el líder no muestra un compromiso con su propia causa, tampoco puede esperar que otros lo hagan, este es un caso importante de liderar con el ejemplo.

Creatividad

Una de las cosas más interesantes que se pueden aprender de un gran líder, o al menos inspirarse en uno, es la creatividad. No hay un manual o reglas que indiquen cómo se puede ser creativo. Por lo tanto, la creatividad se convierte en un producto combinado de la disposición interna de una persona, así como en lo que ven a su alrededor. Un líder que no tiene miedo de probar nuevas estrategias o planes, y no duda en arriesgarse en adoptar un medio diferente para lograr un objetivo en particular, es un líder que muestra a las personas que está bien ser creativo. Esto es algo que es particularmente importante en un mundo que se está volviendo cada vez más uniforme. Un buen líder muestra a sus seguidores que está bien ser creativo y cometer errores en el proceso, siempre que estos sean rectificados en el camino.

Actitud positiva

Asegurarse de que otros puedan sentir una actitud positiva en ti, es un aspecto importante de ser líder y es una de las mejores cosas que una persona puede aprender de un gran líder. Mantener la compostura durante una situación difícil, asegurarse de ver el lado bueno de las cosas y permanecer positivo en general, son todos los rasgos que un gran líder pasará inconscientemente a los demás.

Capítulo 4: Cómo evaluar tus habilidades de liderazgo

Como líder, no es suficiente si eres capaz de evaluar las habilidades de los demás; debes poder ir más allá para evaluarte a ti mismo también. Esto te mostrará cuán efectivo es tu liderazgo y señalará los errores que podrías estar cometiendo para que puedas corregirlos y funcionar de una manera más efectiva y completa. Por lo tanto, una autoevaluación periódica es necesaria para que un líder pueda reconocer las fortalezas, debilidades y posibles áreas de mejora.

Para empezar, también puedes intentar obtener aportes de otros, incluso si se trata de una autoevaluación, no estaría mal saber qué piensan los demás de tus capacidades. Esto significa que obtienes opiniones de quienes se encuentran en posiciones por encima de ti, así como de quienes trabajan por debajo de ti (es decir, supervisores y subordinados). Esto, junto con una autoevaluación honesta, puede ayudarte a comprender las posibles brechas que pueden existir. Además de esto, podría ser útil pedir la opinión de la persona que consideras como tu mentor: tú mismo puedes ser un líder y también puedes admirar a alguien más. Su evaluación honesta también te ayudará a comprender mejor tus habilidades.

Aparte de esto, puedes compararte con otros líderes. Esto no significa que se te permita abatirte. Puedes usar a otros como ejemplo para descubrir qué rasgos son los que más obviamente usan y qué tan exitoso es eso. Cuando comparas esos rasgos con los tuyos, puedes encontrar que estás haciendo algunas cosas mejor, ¡pero definitivamente puedes aprender una o dos cosas del otro líder!

Hay varios formularios de autoevaluación que puedes encontrar y usar para evaluar qué tan bien lo estás haciendo hasta ahora; te proporciona una imagen más clara y funciona de manera muy similar a un análisis FODA. Una vez que comprendas qué aspectos te impiden ser el mejor líder que podrías ser, podrás realizar los cambios necesarios para maximizar el potencial.

Por ejemplo, un ejercicio que puedes seguir, es una lista de todos los rasgos que crees que debería tener un gran líder y luego usar esta lista para decidir si tienes todos estos rasgos, y si te están ayudando a avanzar y ser un mejor líder, o si te están frenando. Para hacer esta lista, puedes usar los rasgos que figuran en este libro y cualquier otro rasgo que se te ocurra. ¡También puedes pedir ayuda a los miembros de tu equipo y preguntar sobre los rasgos que esperaban!

Capítulo 5: Estilos que puedes adoptar como líder.

Hay una variedad de maneras en las que un líder puede optar para dirigir y administrar una organización en particular. Estos modos y estilos generalmente cambian de manera individualista, ya que cada persona aportaría una parte de su personalidad a la tarea. Por lo tanto, observarás que la manera en que una persona lidera puede ser dramáticamente diferente de la forma en que otra persona se ocupa del liderazgo. Por ejemplo, una persona que es muy rígida en su naturaleza, puede mostrar lo mismo en su estilo de liderazgo, que pone énfasis estricto en seguir ciertas reglas y una estructura general, y no permite gran desviación de ella.

Sin embargo, todavía hay algunos patrones generales que pueden observarse, lo que permite la identificación de algunos estilos de liderazgo. Este capítulo intenta delinear estos diferentes estilos de liderazgo y cuándo se utilizan.

El uso de diferentes estilos de liderazgo no depende solo del tipo de liderazgo, sino también de la situación. Las restricciones de la situación pueden requerir que un líder cambie del estilo que usualmente usan, a uno con el que no necesariamente se sienten cómodos, para lograr un objetivo en particular. A veces, el uso del estilo también depende del tipo de equipo que se está obteniendo a través de la forma de liderazgo, si las personas son altamente motivadas y tienen muchos años de experiencia, por ejemplo, permitir que el equipo tome más decisiones que lo habitual puede ser el camino para mantenerlos felices, así como a la organización.

Por lo tanto, un gran líder debe poder cambiar entre diferentes estilos cuando la situación lo requiera, para que puedan cambiar sus estrategias con relevancia para lo que están tratando de lograr.

A continuación se enumeran los diferentes estilos que un líder puede adoptar.

- **Liderazgo autoritario**: en este estilo de liderazgo, el poder para tomar decisiones recae en el líder y en nadie más. El líder no escucha las sugerencias y otras alternativas de las personas que trabajan con él. Si bien este estilo es efectivo en situaciones de crisis de tiempo, en las que se deben tomar decisiones rápidas, no es una opción adecuada para el largo plazo, ya que generalmente conduce a la insatisfacción entre las personas y puede tener un impacto adverso en las relaciones si se practica, a la larga.

- **Liderazgo democrático**: como su nombre lo indica, este es exactamente lo contrario del liderazgo autoritario. Algunas veces, también conocidos como liderazgo participativo, estos estilos de liderazgo permiten compartir el poder de toma de decisiones; ya no es solo del líder, sino que también le da importancia a los miembros del equipo. Por lo tanto, permite que el equipo se sienta valorado, al mismo tiempo que se convierte en un equipo más unido. Esto se debe al hecho de que las personas que participan en el proceso de toma de decisiones tienen más probabilidades de sentirse comprometidas con la causa en la que participan, y podrán asumir la responsabilidad de los resultados.

- **Liderazgo motivador**: este estilo requiere que el líder se involucre con el equipo y otros empleados para comprender el tipo de condiciones bajo las cuales están trabajando y tener una mejor idea de los desafíos que enfrentan y las preocupaciones que puedan tener. Esto permite una mejor comunicación entre el líder y el equipo, y permite que el equipo se sienta involucrado en el proceso de toma de decisiones. El liderazgo motivador también se gana la lealtad de la gente.

- **Liderazgo de rienda libre**: a veces, no es necesario que un líder proporcione un sentido de dirección para el equipo, a pesar de que generalmente se destaca como su objetivo. En lugar de ello, puede permitir que el equipo elija el camino que debe seguirse y el líder no participa en el proceso de toma de decisiones. Como resultado, los subordinados diseñan el camino que adoptarán para alcanzar la meta. Esto trae un sentido de responsabilidad, permite una mayor independencia y mantiene al equipo motivado.

• **Liderazgo transformacional**: el liderazgo transformacional implica dos niveles de funcionamiento. Este estilo requiere que los líderes lo lleven a un nivel diferente, con el fin de lograr objetivos destinados a un bien mayor. Por lo tanto, los miembros del equipo no solo buscan recompensas a corto plazo, sino las consecuencias a largo plazo de sus acciones. Este estilo requiere mucha motivación e impulso por parte del líder. Otro aspecto del liderazgo transformacional que debe tenerse en cuenta es que no se realiza de una sola manera: en este estilo, tanto los líderes como los seguidores se inspiran y motivan entre sí para que ambos puedan alcanzar mayores alturas.

Conclusión

Gracias, una vez más, por comprar este libro. Espero que te haya brindado la información que puedas haber necesitado sobre liderazgo y que te permita utilizar parte de esta información para hacer un cambio en tu vida, así como en la de otros.

Ser un líder es algo que ocurre como resultado de un proceso: requiere semanas, meses e incluso años de arduo trabajo, porque una persona no puede simplemente despertarse una mañana y decidir que va a ser un gran líder. No solo esto, una vez que una persona observa que puede poseer las habilidades necesarias para ser líder, debe trabajar en el perfeccionamiento de estas habilidades para poder utilizarlas mejor. Esta es siempre una mejor alternativa para asumir que el liderazgo es un don natural. Una vez que se dé cuenta de que requiere esfuerzo y está dispuesto a hacer ese esfuerzo, ¡observará que se está convirtiendo en un líder cada vez más eficaz!

Hay varios otros aspectos para ser un líder, que se han descrito en este libro. Un gran líder no solo posee una gran variedad de rasgos en sí mismos, sino que también puede sacar muchos rasgos positivos en otros, que es donde se encuentra su verdadera habilidad. Un verdadero líder crea tantos líderes como seguidores.

Espero que este libro responda a cualquier pregunta que puedas tener, y más.

Parte 2

Introducción

El liderazgo es algo que está dentro de todos y cada uno de nosotros, solo que algunas personas no son conscientes de ello o no tienen la confianza para liderar a otros. Toda la gente sido creada con algunas cualidades de liderazgo y ejercita algunos de estos rasgos de vez en cuando. Esto significa que cualquiera puede ser llamado a liderar, sin embargo, un verdadero y gran líder debe ir más allá de los rasgos existentes y agregar algunas habilidades adicionales. Todos pueden liderar, pero se requiere mucho de uno para ser un líder exitoso.

Esto deja claro que el liderazgo es alcanzable, pero no es fácil. Mucha gente piensa que los líderes siempre experimentan dicha, que no hacen nada salvo delegar y que dejan todo el trabajo duro para sus subalternos. Lo que no saben es que los líderes en realidad hacen más que cualquiera y sobrellevan más la carga. El liderazgo, por lo tanto, puede ser un desafío si no esperas que sea arduo.

Hay habilidades que los líderes deben

tener, cualidades de un buen líder y fundamentos de liderazgo como algunas de las cosas básicas que los nuevos líderes deben saber. Estas marcarán el paso para un líder y le darán una formaclara que puedes seguir para lograr el éxito en el liderazgo. Este libro es una guía completa para un nuevo líder, que te llevará a través del liderazgo y te expondrá todos los elementos que necesitas para convertirte en un gran líder.

Capítulo 1: Lo Básico del Liderazgo

El liderazgo es una vocación; y los líderes tienen la tarea de hacer lo correcto para su organización. Mucha gente confunde liderazgo con gestión, pero son cosas totalmente diferentes. Un gerente es una persona que hace las cosas bien. Es una ocupación y le pagan para hacer cosas bien o para asegurarse de que las cosas se hacen bien. El liderazgo llama que uno haga lo correcto. A un líder le pagan para motivar e inspirar, para crear positividad duradera en la organización. El liderazgo demandará ciertas herramientas y pautas para hacerlo exitoso. Es por eso que siempre se requiere que un líder tenga ciertas habilidades y cualidades que traerán a la realidad de qué se trata el liderazgo.

El liderazgo no es fácil. De lejos puedes pensar que los líderes se la pasan genial liderando a sus equipos, pero el desafío que enfrentan te sorprenderá. En el lado positivo, un líder nunca está solo en todo esto. Tiene a la gente que trabaja con él para lograr un cierto objetivo y para cumplir cada desafío a lo largo del camino. No es él quien arregla los problemas, en vez de eso el rol de un líder es inspirar a su equipo para resolver los problemas que enfrentan por si mismos.

Los líderes deben ponerse objetivos que lograr. Deben tener visiones hacia las que están trabajando. Por eso el liderazgo siempre es visto como un éxito cuando el líder trabaja hacia cierto proyecto, tal vez construcciones sociales o desarrollo de individuos. Esto es lo que desencadena la motivación y la pasión de los líderes, que en la mayoría de los casos está dentro de ellos. La mayor parte de estas habilidades que se ven en el liderazgo no pueden ser falsificadas, porque en la mayoría de los casos el líder no está generalmente motivado por ningún beneficio monetario como suele serlo en la gerencia. El liderazgo efectivo en una organización por lo tanto implica un líder que es confiado, que trabaja para el beneficio de la gente que lidera y también de la organización, y alguien en quien ellos pueden confiar completamente.

El verdadero liderazgo siempre es llamado cuando sea que hay un equipo que quiere ser exitoso porque se trata de llevar a la gente a un lugar adonde no habrían ido por si solos. Esto significa que un verdadero líder necesitará más que las habilidades y el conocimiento adquirido en libros para poder lograrlo eficazmente. Tiene que ser leal, dedicado y dispuesto a dar lo mejor para ver que su equipo está alcanzando sus objetivos al final. El verdadero liderazgo no es fácil, pero uno siempre puede trabajar en sus habilidades de liderazgo para volverse mejores líderes a su modo.

Habilidades de liderazgo importantes que todo líder debe tener

1. Compromiso y perseverancia para resolver y lograr metas marcadas. Estas son importantes para empujar cada característica de la organización hacia un propósito particular mutuamente beneficioso.

2. Tomar riesgos para ser capaz de discutir liquidaciones y acuerdos, y también para ser capaz de desarrollar nuevos productos y servicios que logren el dominio en el mercado. Además, deben estar dispuestos a asumir riesgos para establecer un mercado nuevo y único para productos o servicios.

3. Motivacional. Un líder eficaz debe ser capaz de motivar y animar a la gente que está liderando, así como ayudarlos a contribuir para el bien de la organización. Debería ser consciente de cada motivador en cada individuo para ser capaz de saber cuando presionar los botones correctos para obtener los resultados correctos. Debería estar dispuesto a inspirar a su equipo a través de cada etapa y nivel que tomen, no solo para el bien de la organización, sino también para su propia ganancia personal.

4. Habilidades de comunicación. Los buenos líderes deben poseer buenas habilidades de comunicación que se basan

en la escucha activa. No solo deberían ser capaces de escribir y hablar bien, sino también de escuchar atentamente para saber cómo liderar mejor a la gente en sus equipos. La clase de habilidades de comunicación que aplicas aquí determinará cuan exitoso serás al conducir a tu equipo para lograr los objetivos marcados.

5. Planificación. Esto debería ser parte de lo que un líder debe hacer. Aunque no se involucrará en todos los detalles, debería ser capaz de conducir a su equipo para que elaboren un plan sólido que pueden seguir hasta lograr los objetivos marcados.

¿Por qué es importante el éxito en el liderazgo?
Las organizaciones siempre buscan cualidades de un líder cuando contratan a cualquiera para trabajar para ellos. Esto es porque las habilidades de liderazgo pueden maximizar la productividad en una

organización, promover la armonía y la paz dentro y fuera del negocio y, también, crear una cultura de positividad y buenos rasgos, que pueden ayudar a la organización. Por eso es que la gente clave en cualquier organización debe mostrar habilidades y cualidades de liderazgo para siempre liderar equipos usando el estilo correcto. Esto asegurará que pueden lograr los objetivos que una organización marca. Tener buenas habilidades de liderazgo es por lo tanto una ventaja agregada para cualquiera que planea trabajar hoy en una organización.

Capítulo 2: Atravesar los Desafíos del Liderazgo

La gente ve a los líderes como individuos que lo saben todo. Si estás liderando una compañía, por ejemplo, la gente esperará que seas a quien siempre pueden admirar. Es por eso que en el liderazgo algunos no pueden decir que hay algo que no saben. Muchos líderes hacen esto todo el tiempo, incluso cuando no tienen las respuestas que sus subalternos buscan. Otros van al punto de vivir en negación, porque no quieren admitir que han fracasado. No obstante, esto no es lo que implica el liderazgo real.

Como líder, uno debería ser capaz de decir que no sabe algo, de admitir que cometió un error y de aceptar ayuda y consejo de otras personas. La honestidad contigo mismo y con otra gente es muy importante y puede hacerte más creíble a los ojos de las personas que estás liderando. La gente espera demasiado de los líderes, pero, que se diga la verdad, nadie lo sabe todo. No hay ninguna persona que pueda arreglar todo en su vida. Cuando dejas en claro a otras personas que no lo sabes todo, habrá una mejor relación contigo y esto hará que trabajar juntos sea mucho más fácil.

El primer paso para conquistar el liderazgo es admitir que puede que no tengas la solución a un problema. Tienes que buscar constantemente soluciones para manejar situaciones que tus subalternos de verdad no saben como manejar, en especial si lideras una organización. Lo que muchos líderes no saben es que pueden fácilmente transformar tales situaciones a su favor. Debajo hay algunos consejos que pueden ayudarte en tales circunstancias.

Manejar Situaciones Difíciles Cuando No Tienes Todas las Respuestas

1. Siempre enfócate en lo que es necesario para arreglar un problema a mano. Los líderes siempre son estratégicos, por lo tanto, lo primero que deberías hacer es tener lista una estrategia de resolución de problemas. Si hay algo que puedes aprender, deberías aprenderlo primero, luego proceder a resolver el asunto. Si lideras un grupo, deberías

llevarlos a través de la situación paso a paso, definiendo el problema, los desafíos que el problema plantea y como puedenhacer para resolverlo juntos.

2. Pide prestada una hoja con la pericia y la experiencia de otras personas. Una cosa que los líderes deben saber es que la clase de problemas y desafíos que enfrentan en el liderazgo no son únicos. Son asuntos con los que otros líderes han tratado en el pasado. Deberías descubrir como los otros líderes trataron con algunos de los asuntos que enfrentaron para saber como manejar los desafíos que enfrentarás en el liderazgo. Busca constantemente el conocimiento que puede beneficiarte en caso de desafíos y dificultades.

3. Haz preguntas. Un líder siempre debería estar dispuesto a hacer preguntas. El tipo de preguntas que hacer también son importantes. Necesitas hacer preguntas de sondeo que te ayudarán a indagar con profundidad en un asunto.

Cuando empiezas a hacer preguntas más importantes, empezarás a conseguir ideas valiosas e información que te ayudará. No actúes como un experto cuando arregles los asuntos de tu equipo. Deberías hacerles preguntas directas como: ¿cómo se sienten?, si se han sentido así antes y cómo manejaron situaciones similares en el pasado.

4. Toma medidas, inclusive si hay una chance de que puedas cometer un error. En caso de un problema, no te relajes y esperes a que las cosas se arreglen por si solas al final. Tienes que actuar en cualquier dirección que creas que es el mejor rumbo. En caso de algún error, asegúrate de tener en mente varios planes de respaldo. De esta forma, tu resolución de problemas todavía continuará.

Capítulo 3: Mejorando tus Habilidades de Liderazgo

Todo el mundo es un líder a su manera, sea que ya lo sepas o no. Siempre estás liderándote y liderando a otra gente de alguna forma, no necesariamente en los negocios o en una situación laboral. Los líderes no son solo esas personas que tienen subalternos trabajando para ellos y reportándose a ellos al final de cada día. Es por esta razón que todos necesitan dominar algunas habilidades de liderazgo para desempeñarse bien en cada rol de liderazgo que realizan en la vida.

¿Te preguntas cuales podrían ser tus cualidades de liderazgo? Aquí hay una lista de las cualidades y habilidades disponibles en diversos grados en diferentes líderes:

- Asertividad
- Consciencia
- Inspirador
- Adaptabilidad
- Transformacional
- Inteligencia
- Pensadores positivos

- Empoderamiento

Estas son las habilidades que hacen bueno a un líder con el equipo que lidera. En el liderazgo, necesitas de verdad ser bueno con tus habilidades si quieres sacar lo máximo de todos los que lideras. Haz una autoevaluación ahora mismo. En una escala de uno a diez, califícate basado en cada una de estas habilidades. Como es de esperarse, donde tienes una calificación más baja es la habilidad que necesitas desarrollar.

Si, en consecuencia, quieres mejorar tus habilidades de liderazgo y convertirte en un mejor líder, estos son algunos consejos que pueden ayudarte a lograrlo.

1. Tu visión debería ser clara: Como un buen líder tu equipo siempre debería ser consciente de tu visión, misión y metas. De esta forma, será fácil crear un camino que pueden seguir en la realización de esas metas. Establece las metas que agreguen algún valor a tu equipo, porque esto importará cuando empieces a explicarlas en detalle. Si tienes una misión en la vida y quieres que ellos te ayuden a lograrla,

tienen que entender que hay en eso para ellos. Inclúyelos en cada plan que hagas para lograr esos objetivos. También escucha sus ideas y aplícalas si están en línea con lo que tú planeas. De esta forma, se sentirán parte de todo el proceso.

2. Mantiene tu moral y tus valores: Los líderes están constantemente eligiendo y actuando, y sus equipos siempre observan como lo hacen. Si tienes moral y valores, tienen que estar claros en la forma que actúas y en la clase de decisiones que tomas. Si alguna vez vas contra tu moral y tus valores, vivirás para arrepentirte y esto puede entorpecer tu éxito. Tu moral y tus valores por otro lado te ayudarán a conseguir el éxito en el liderazgo y también en tu carrera. La gente siempre respetará tus decisiones y estará de acuerdo con tus acciones por el respeto que te otorgan.

3. Identifica tus fortalezas: cada persona tiene dones que son únicos y diferentes de los que tiene otra persona. Estos son los dones que ayudan a uno a

convertirse en un mejor líder. Tienes habilidades de liderazgo naturales que son innatas y estas, junto con algunos rasgos que has construido en la vida con el tiempo, te ayudarán mucho a convertirte en un mejor líder todos los días.

4. Sé un modelo a seguir para los miembros de tu equipo: Si quieres ser admirado por la gente que lideras, tienes que liderar con el ejemplo, haz lo que predicas y demuestra con hechos las palabras. La gente tendrá algo que emular de ti y se convertirán en mejores personas a través de ti. Tienes que trabajar en tus mejores cualidades, en particular en aquellas que quieres ver en la gente que te sigue.

5. Tómate el liderazgo en serio: una cosa que nunca te fallará como líder es si te tomas tu rol con seriedad. Tienes que estar apasionado por esto. De hecho, esta es la habilidad más importante que puede hacerte un mejor líder todo el tiempo. El buen liderazgo se muestra en la forma en

que trabajas y en la forma en que tratas a tu equipo. Con pasión, no serás el tipo de líder que es dictatorial, que siempre exige de su equipo esto y aquello, sino el tipo de líder que se involucra en lo que su equipo está trabajando.

6. Siempre ten una actitud positiva: una persona negativa o alguien que siempre se está quejando nunca ganará el respeto de ninguna persona. La gente siempre respeta a personas que tienen mente positiva porque siempre ven las cosas de modo más agradable. La actitud positiva es lo que atrae gente a nuestras vidas y es lo que nos trae gente positiva y posibilidades en la vida.

7. Estate siempre listo para admitir errores y aprender de tus fracasos: un buen líder sabrá que no hay nadie perfecto. Si cometes un error, deberías ser capaz y estar dispuesto a aceptar el error y buscar una manera de seguir adelante. Esto construirá cualidades y habilidades que te harán un mejor líder con el tiempo.

Deberías ver una oportunidad de aprendizaje en cada debilidad o error que cometes para adquirir habilidades fuertes que te ayudarán en tu liderazgo.

Capítulo 4: Consejos para Ser un Mejor Líder

Ser un líder eficaz, inspirador, respetuoso y bueno es el objetivo al que todos debían apuntar. Por eso los líderes siempre trabajan fuerte para pulir sus habilidades y convertirse en mejores líderes cada día. Consejos de ayuda a lo largo de este recorrido ayudarán a un líder a producir aún mejores resultados. Estos consejos deben ser procesables y fáciles de ejecutar. Mucha gente ha tenido éxito en el liderazgo, pero necesitan recordatorios constantes de algo de lo básico que hace a uno un buen líder. Algunos de estos consejos son:

1. Un buen líder debería mostrar, no solo decir. No gastes demasiado tiempo diciéndoles a los miembros de tu equipo como quieres que sean, muéstrales con el ejemplo. Si quieres que lleguen a trabajar temprano, deberías llegar temprano tú mismo. Muéstrales cortesía si así es como quieres que traten a otros. Eres el líder, por lo tanto, deberías marcar el ritmo que

se supone que ellos seguirán.

2. Siempre se consciente de tus emociones: aunque la gente se supone que mantenga sus emociones personales fuera del negocio, el éxito de cualquier negocio depende principalmente delaclase de emociones que existen entre la gente. Las emociones volátiles de un líder serán provocadas en algún momento u otro y su reacción determinará si ciertamente es un buen líder o no. Ser consciente de tus emociones en todo momento puede determinar en gran medida cómo reaccionarás cuando seas provocado. Un buen líder debería acomodarse a diferentes puntos de vista y a los diferentes antecedentes de la gente. Definitivamente necesitarás que tu corazón maneje ciertos asuntos, pero úsalo con sabiduría.

3. Muestra un poco de humildad. Como mencionamos antes, un líder no es lo mismo que un gerente o un jefe. Estos son tres títulos que lamentablemente se

usan en la misma manera. Los líderes deberían saber que ellos se supone que deben sentirse cómodos dándole a otros el crédito que podrían obtener. No deberías luchar para glorificarte, sino ser humilde todo el tiempo. Esto es lo que te dará confianza para liderar a tu equipo por el sendero correcto para lograr las metas del proyecto.

4. Siempre conoce tus límites: los líderes deberían tener límites. Incluso si quieres ser el líder más cariñoso y uno que es el más amable de todos, tienes que establecer algunos límites. Establece límites que muestren que eres el líder de tu equipo. Tu equipo también debería conocer sus límites. Hazles saber que tan lejos pueden ir y cuánto puedes tolerar, así pues, no se pasarán de la raya. Esto ayuda muchísimo a aclarar cualquier confusión que puede surgir entre el equipo y su líder.

5. Aprende del pasado. A veces la gente que no aprende del pasado es probable que repita un error pasado y esto

es lo que le entorpece a uno para avanzar y aprender algo nuevo. Incluso si piensas en gente exitosa de quien puedes aprender, necesitas pensar en gente que fracasó en su liderazgo y como fracasaron para no repetir sus errores.

6. Necesitas un mentor: los líderes tienden a trabajar por su cuenta, lo que es imposible especialmente si ya sabes cuan beneficioso puede ser para ti un sistema de soporte. Definitivamente necesitarás ayuda en un momento u otro, en consecuencia deberías saber en dónde obtendrás la ayuda que pudieras necesitar. Dado que ya sabemos que nadie puede saberlo todo, un buen líder debería tener un lugar al que siempre pueden considerar cuando necesitan ayuda y guía. Un mentor es alguien en quien puedes confiar plenamente, con cuyos consejos puedes contar para superar cualquier desafío que enfrentes como líder. Las cosas definitivamente se pondrán difíciles en un momento u otro. Necesitas un sólido sistema de soporte para superar el

problema.

7. Apunta a mantener reuniones productivas. Recuerda que estás liderando un equipo que debería emular justo lo que haces. Esto es lo complicado sobre el liderazgo. Por eso, siempre deberías apuntar a deshacerte enseguida de cualquier pérdida de tiempo que te encuentres durante tus reuniones, para asegurarte de que al final se converse algo de gran valor. De esta forma, tu equipo verá la seriedad del asunto y podrán trabajar dentro de sus fechas límites.

8. Nunca dejes de mejorar: uno no hace todo bien en la primera tarea de liderazgo que tiene. Sigues cometiendo errores y aprendiendo de ellos, y así es como terminas como el tipo de líder con el que todos querrán trabajar. Todos, incluyendo a los líderes, tratan todos los días de mejorarse. Hay oportunidades de crecer y volverse mejores por ahí. Hay habilidades que puedes aprender y proyectos en los que puedes trabajar para

convertirte en una mejor persona. Mantente abierto a nuevas ideas y posibilidades, y observa cómo puedes volverte un gran líder en un ratito.

Capítulo 5: Errores de Liderazgo a Evitar

Los nuevos líderes siempre cometen errores que pueden ser evitados fácilmente. Algunos de estos errores pueden ser feos y negarte la chance de brillar en el liderazgo. Aunque se dice que los errores proveen una oportunidad para que todos aprendan, siempre es mejor no cometer errores. Recuerda que trabajas con un equipo que siempre te contempla para crecer, no solo en el proyecto que están trabajando, sino también en su propio crecimiento personal. Algunos de estos errores deberían ser evitados tanto como sea posible. Aquellos por los que deberías mantenerte alerta incluyen:

1. No hacerte tiempo para tu equipo: un líder o gerente probablemente maneje otros asuntos importantes en una organización. Su carga de trabajo podría ser muy pesada hasta el punto de que apenas tienen tiempo para sus equipos. Este es un error que puede hacerte fracasar terriblemente como líder. En el liderazgo, tu gente siempre debería estar

primero. Cuando no estás ahí para ellos, no sabrán que hacer y no tendrán el respaldo y la guía que se supone que tú les provees. Eventualmente no serán capaces de cumplir sus objetivos. Para evitar cometer tal error, necesitas poner a un lado una buena cantidad de tiempo para tu equipo todos los días. Siempre deberías ser consciente de ellos y sus necesidades, y deberías asegurarte de que tu puerta está abierta solo en caso de que necesiten tu ayuda.

2. Motivación malinterpretada: una de las cosas que un líder debe saber sobre su equipo son las cosas que los motivan. No saber bien esto puede resultarte contraproducente cuando trates de motivar a tus miembros para trabajar más fuerte y mejor. Algunos líderes solo piensan que pueden motivar a su equipo a través del dinero y otras recompensas monetarias. Algunas de estas personas trabajan por otras razones. Deberías indagar más profundo para encontrar qué motiva a cada uno de ellos y motivarlos de

acuerdo a eso. Algunas personas trabajan para lograr algo más grande en su vida. Tienes que darles los más grandes desafíos para sentirse motivados.

3. Pensar siempre que te lo sabes todo. Los buenos líderes no actúan como si supieran todo porque la verdad es que nadie puede saberlo todo. Algunos líderes son inteligentes y tienen mayor experiencia laboral, pero esto no significa que te lo sepas todo. Nadie querrá trabajar con un líder así porque siempre se sentirán intimidados. Un buen líder es uno que siempre busca nuevas formas de sumar su nivel de habilidades y conocimiento. Están abiertos a nuevas ideas incluso de los miembros de su equipo para aprender algo nuevo cada día.

4. Acercarte demasiado: estos son los líderes que son demasiado amistosos con los miembros de su equipo, lo que no es algo bueno en el liderazgo. Los líderes siempre quieren parecer amigables y abiertos con sus miembros para que

puedan trabajar fácilmente como equipo. Esto es algo que mucha gente ama; trabajar con alguien con el que se llevan bien. Esto es bueno, pero solo en pequeños ejemplos. En otras ocasiones, tienes que tomar decisiones difíciles y estas pueden ser duras si estás demasiado cerca de tu equipo. Hay esos miembros del equipo que querrán aprovecharse de su buena relación con el líder, especialmente cuando cometen un error. Esto comprometerá tu integridad de líder. En el liderazgo, puedes socializar con tu gente, pero siempre tienen que saber quien es el jefe y que tan cerca pueden estar.

5. Pensar que eres el único que debería tomar todas las decisiones. Este es un error muy común que los líderes cometen, pero lo que no saben es que no son un puesto para tomar decisiones por su equipo. Los gerentes tienden a tomar todas las decisiones porque trabajan hacia lo correcto, pero los líderes deberían ser conscientes de que hay decisiones que pueden tomar otras personas. Un líder

fuerte debería permitir que su equipo tome algunas decisiones y estar bien con la decisión siempre y cuando siga el camino correcto hacia lograr sus objetivos. Debería permitirles a otras personas debajo de él desarrollar sus propias habilidades de liderazgo y esto se hace permitiéndoles tomar algunas de las responsabilidades, como la toma de decisiones.

6. No delegar. Muchos líderes tienden a llevar toda la carga del equipo porque sienten que son los únicos que pueden hacerlo bien. Este es un enorme error en el liderazgo. Esto es lo que causa que muchos líderes sufran de agotamiento, estrés y depresión. No puedes manejar todo y aún así andar libremente como una persona feliz. Normalmente hay mucho por hacer si tienes que manejar todo por ti mismo, necesitas delegar. Puede ser difícil confiar en tu equipo al principio, pero no hay forma de saber cuanto pueden hacer si no delegas. Puedes sorprenderte de lo mucho que pueden hacer y esto te dejará

con pocos asuntos importantes para cuidar, y mucho tiempo para evaluar el progreso.

7. Hacer que todo se trate de ti. El liderazgo es y siempre será sobre el equipo, no del líder. Un líder será nadie si no hay gente a quien liderar. Esto es algo que muchos líderes no entienden y hacen que todo se trate de ellos. El equipo te hará un líder exitoso, por lo tanto, si no trabajas por su éxito, no serás exitoso. Tu equipo debería lograr más que tú, porque será la medida para mostrar si has trabajado bien o no en tu rol de liderazgo. Si quieres ser el más grande líder de todos los tiempos, concéntrate en tu equipo y trabaja para mejorarlo. Si motivas y felicitas a tu equipo, te harán el tipo de líder que siempre querrás ser.

Conclusión

El liderazgo viene con muchas responsabilidades para las que mucha gente no siempre está lista. Por eso es difícil ver a muchos líderes nuevos exitosos. Sin embargo, esto no significa que no puedas ser un exitoso nuevo líder, porque esto es muy posible. Todos los líderes exitosos sobre los que ves o escuchas empezaron en algún lado y tuvieron que sacrificar mucho y trabajar fuerte en sus habilidades de liderazgo para llegar al nivel en el que están.

Muchos líderes fracasan en cosas que pueden ser evitadas fácilmente. Todos los errores que he mencionado pueden ser evitados con facilidad y cuando te sales del camino, puedes concentrarte en las cosas que te harán un líder exitoso, por ejemplo, involucrar a tu equipo en cada decisión que tomes.

Una cosa que siempre debería estar clara para los líderes es que las cosas más importantes suceden en su ausencia. Por eso deberían luchar por saber lo que hizo el equipo cuando ellos no estuvieron. Como líder, tratas de moldear gente que hará lo correcto aún en tu ausencia, no solo en tu presencia. Si esto es hecho, puedes contarte como un éxito.

Por último, siempre enfócate en el equipo y no en el proyecto. Si has definido los objetivos y las metas claramente, y ya has pensado un plan de acción como equipo, necesitas dejar que el equipo haga su parte. Tu foco principal debería estar ahora en el equipo.

www.ingramcontent.com/pod-product-compliance
Lightning Source LLC
Chambersburg PA
CBHW071913070526
44583CB00016B/1972